LE ROYAUME ARABE

DEVANT

LE JURY DE CONSTANTINE

PAR

EMILE THUILLIER.

CONSTANTINE.
TYPOGRAPHIE A. ROBERT ET Cie.

1873

LE ROYAUME ARABE

DEVANT

LE JURY DE CONSTANTINE

GOUVERNEMENT. — COMMANDEMENT.

O vous qui formez une sainte alliance contre le régime dit militaire et les bureaux arabes, suivez mon conseil : Ne prenez jamais la plume ni la parole contre ces institutions si profondément enracinées dans le sol de l'Algérie, sans faire entre parenthèses cette déclaration solennelle : « L'ARMÉE N'EST POINT EN CAUSE. »

Que ces mots soient non-seulement l'exorde, mais encore la péroraison de vos écrits et de vos discours. Ne craignez point d'en abuser, le cliché ne s'usera de longtemps. Pour faire pénétrer certaines vérités dans certains crânes, comme pour enfoncer un clou dans le bois dur, il faut multiplier les coups de marteau. Vous pensiez peut-être que votre clou ne montrait plus qu'une tête aplatie ? Erreur, profonde erreur. Au lieu de bois dur vous avez rencontré du granit. Voyez plutôt ce qui se passe aujourd'hui : De très-honorables officiers, même supérieurs, prennent parti pour le régime militaire, en vertu de l'esprit de corps, comme s'il pouvait y avoir confusion entre leur service purement militaire et le service purement administratif dont plusieurs de leurs collègues sont chargés pour récompense ou pour punition.

Il y a peu de jours, je rencontrai un colonel et un chef de bataillon qui étaient en grande colère contre les avocats défenseurs de Bou Mezrag et compagnie. Ils venaient d'entendre des plaidoiries pleines de critiques sévères et justifiées, sans doute, contre l'ancienne administration de M. le général Augeraud et de ses bureaux arabes. J'essayai de faire comprendre à ces messieurs que personne ne pouvait avoir l'intention de les rendre solidaires de fautes inhérentes à un régime d'exception, et, dans tous les cas, personnelles. Je parvins à les calmer, sinon à les convaincre. Mais, en supposant que je les aie convaincus, le beau succès ! Combien d'autres restent à convaincre !

Plus fort que cela ! Tout récemment, le Gouverneur général lui-même ne prit-il point texte d'arguments dirigés contre le régime militaire, pour prétendre que l'ON ATTAQUAIT L'ARMÉE? J'aime à croire que les délégués de nos Conseils généraux sont parvenus à démontrer au plus haut fonctionnaire de l'Algérie qu'il faisait fausse route, qu'il avait perdu la boussole ; mais il n'en est pas moins désespérant de compter M. de Gueydon parmi ceux qui ne connaissent aucune de nos protestations tendant à détruire une grossière équivoque. Et cependant, qui pourrait les énumérer, ces protestations? Il me serait facile d'en composer un volumineux recueil en puisant dans les journaux de nos trois provinces, à partir de 1870 seulement. Pour ma part, depuis que je traîne une plume sur le papier, je n'ai cessé de témoigner de mes meilleurs sentiments envers le DRAPEAU.

Dites que je suis un Chauvin, mais ne mettez jamais en doute ni ma reconnaissance, ni mon patriotisme.

Malheureusement, on ne lit pas assez les journaux algériens. Pourquoi? Ne font-ils pas l'impossible pour se rendre intéressants?... Ils ont le tort, suivant moi, de ne pas savoir laver leur linge sale en famille.

Je reviens à mon sujet :

Avez-vous entendu parler du procès intenté, en novembre 1871, par le général Wolff, commandant la division d'Alger, à l'*Akhbar*, à l'*Algérie française*, au *Moniteur* et au *Tell*? Il s'agissait d'une lettre reproduite par ces quatre journaux, dans laquelle les bureaux arabes se trouvaient assez mal traités. Le général Wolff semblait faire bon marché des bureaux arabes dans cette circonstance, mais, en réalité, ne songeait qu'à les venger. Pour arriver à ce but, il prétendait que l'armée elle-même se trouvait intéressée à demander une réparation éclatante. Vit-on jamais tentative de diversion plus habile et plus audacieuse?

Il s'agissait, pour les défenseurs, de replacer la question sur son terrain véritable. Autant il était juste de charger les bureaux arabes, autant il eût été inique de prétendre que l'armée se trouvait solidaire et responsable de leurs actes.

Le rédacteur de l'*Algérie française* s'exprima de la manière suivante :

« Nous avons une politique implacable qui consiste à combattre le régime militaire et à briser son rouage principal : LES BUREAUX ARABES. »

Il ajoutait après une courte digression :

« Depuis que les bureaux arabes existent, ils tentent des efforts inouïs pour se rattacher à l'armée dans le but de se faire un manteau de son honneur sans tache. On a beau leur dire : « Vous êtes une administration en dehors, non-seulement de l'armée, mais de toutes les administrations connues. — Etrange prétention que celle de vouloir rester ce que l'on a cessé d'être, et de s'intituler, en outre, fonctionnaires publics !!... — Etranges fonctions publiques, il faut en convenir, que celles exercées sur un mot d'ordre mystérieux et ne relevant que d'elles-mêmes ! Ah ! ne craignons pas de le dire bien haut : Les bureaux arabes ont fini par peser sur tous les pouvoirs algériens et par ressembler à un filet inextricable jeté sur notre grande et belle colonie. Protestons, pour la centième fois, contre l'accusation absurde d'avoir voulu atteindre l'armée à travers les bureaux arabes. Insulter l'armée, alors qu'elle est malheureuse, qu'elle doit à l'incapacité de ceux-ci, à l'imprévoyance de ceux-là, les capitulations de Sedan et de Metz ! alors que nous la retrouvous arrachée aux fers de l'Allemagne et retrempée par ces immenses désastres !!... Est-ce possible ?

« Ah ! nous payons à l'armée, à ces trois cent mille victimes d'un gouvernement infâme, le plus large tribut de respect et d'admiration. Puissent nos sentiments s'élever à la hauteur de son martyre et de son héroïsme trahi ! »

Et ensuite :

« Pourquoi les bureaux arabes se montrent-ils moins jaloux de l'honneur de l'armée que nous qu'ils accusent d'insulter l'armée ?

« Les officiers de l'armée n'ont rien à voir dans ce qui se passe ici. S'il était possible de les réunir devant vous, messieurs de la Cour et du Jury, pour leur adresser une question : Vous sentez-vous atteint par l'article que nos journaux ont reproduit ? Ils vous répondraient d'une voix unanime : « Les bureaux arabes !... « Qu'ont-ils de commun avec nous ? Il n'existe aucune « solidarité entre les officiers attachés aux bureaux « arabes et les officiers restés sous le drapeau. Qu'ils « se défendent, qu'ils se justifient comme ils pourront, « nous ne pouvons, sans nous compromettre, les cou- « vrir de notre égide. » Voilà ce que répondraient les officiers de l'armée.

« Est-ce qu'un officier de l'armée est venu vous demander raison ? Est-ce que l'officier de l'armée n'est pas le meilleur gardien de son honneur personnel, qui est celui de tous ses compagnons d'armes ? Est-ce que les généraux commandant les provinces d'Oran et de Constantine sont moins soucieux que le général Wolff de l'honneur de l'armée ? Est-ce que le ministre de la guerre, tuteur légal de l'armée, a transféré au général Wolff son droit le plus sacré en oubliant son devoir le plus impérieux, qui est de prendre, le premier, fait et cause pour l'armée ?

« Tant de grands personnages militaires auraient certainement devancé le général Wolff dans la poursuite, si l'honneur de l'armée eût été engagé ; mais ils ont bien vu et bien compris que l'armée n'était pas en cause. Ne pensez-vous pas, messieurs les jurés, ne sentez-vous pas, comme nous, la nécessité d'empêcher que l'armée soit compromise ?... C'est le procès des bureaux arabes ou du régime militaire que vous avez à juger en ce jour solennel : que personne ne s'y trompe !... »

Et quel rapprochement !

« Vous n'avez pas *commis* la famine, mais vous n'avez rien prévu pour en neutraliser les effets désastreux. Retirez-vous pour ne pas assumer la responsabilité écrasante de nouveaux désastres !... »

Me Adolphe Huré prend la parole à son tour dans ces mémorables débats et rappelle un passage d'un article de l'*Algérie française* du 30 avril 1870 :

« La vivacité et l'ardeur de nos critiques ne sauraient atteindre l'armée, dont la valeur et les sacrifices héroïques en ces contrées, par elles conquises, doivent à jamais exciter l'admiration et inspirer la reconnaissance.

« Que nos adversaires futurs daignent PRENDRE ACTE DE CES PAROLES COMME D'UNE DÉCLARATION SOLENNELLE, afin de nous épargner plus tard l'injuste reproche d'avoir rendu une collectivité responsable des erreurs et des fautes de quelques-uns de ses membres passés à l'état de gouvernants et ayant charge d'administrer. »

Et le troisième défenseur, Mᵉ Robe, juge nécessaire d'appuyer, de sa voix éloquente, ces déclarations péremptoires :

« Ce n'est pas le procès des Mac-Mahon, des Cavaignac, des Lamoricière, ni de tant d'autres grandes et belles figures dont l'histoire de l'Algérie se trouve fière et glorieuse, que nous faisons, c'est celui des bureaux arabes, et rien que des bureaux arabes, et j'ajouterai que ce n'est point aux officiers proprement dits de cette administration que nous nous adressons, mais à l'institution elle-même et aux pratiques de cette institution.

. . . .

« Il ne faut pas s'étonner si l'opinion ou la défiance publique est disposée à rejeter sur les bureaux arabes la responsabilité des insurrections. — L'Arabe, quoi qu'en pensent certains esprits, est susceptible d'être dirigé, dominé et amené à nous, à nos institutions, à nos lois ; mais, pour cela, il faut lui inspirer confiance, il faut qu'il ait foi dans notre politique, dans notre honnêteté ; il faut que tout en étant contenu, il soit traité avec douceur et équité ; qu'il soit convaincu que nous valons mieux que lui et les Turcs ; il faut qu'il sache qu'il est débarrassé des exacteurs de l'ancien régime ; et ce qui justifie mon opinion, c'est qu'il aime notre magistrature, c'est qu'il recherche le jugement des tribunaux français, parce qu'il sait que là il trouve toujours une justice intègre et impartiale.

« Soyez-en sûrs, messieurs, le jour où nous substituerons une politique nouvelle, la politique de la France, à la politique des bureaux arabes, l'Arabe viendra à nous et y viendra complètement. Or, il n'y est pas encore venu ; il nous hait toujours. »

Ces extraits résument tout ce qui a été dit dans le passé et sera dit dans l'avenir pour désagréger ces deux termes perfidement accouplés : « GOUVERNEMENT — COMMANDEMENT. »

Le Jury prononça un verdict d'acquittement en faveur des quatre journaux, bien qu'ils eussent traîné sur la claie le gouvernement militaire et les bureaux arabes. Croit-on qu'il ne les aurait pas condamnés si, dans son âme et conscience, l'armée se fût mise, à bon droit, de la partie ?

Tant qu'un officier reste à la tête de sa troupe, on ne voit en lui qu'un officier. Mais si du *commandement* il passe au *gouvernement*, à l'*administration* de l'Algérie, l'homme de guerre devient ce je ne sais quoi d'hybride qui participe à la fois du militaire et du civil. Lui-même ne reconnaît plus son sexe. Il perd ses qualités primitives sans acquérir de qualités nouvelles. C'est un phénomène que les naturalistes n'ont pas encore classé.

Les uns aspirent à cette transformation que les Indous affubleraient d'une foule d'insignes symboliques. C'est que, sans doute, ils se croient doués de la science infuse. — Les autres, désignés d'office, éprouvent des scrupules légitimes en songeant à la responsabilité qu'ils vont encourir. Ces derniers se rendent justice ; ils savent parfaitement qu'il n'est pas aussi facile qu'on le pense de passer de l'école de bataillon à l'exercice de toutes les fonctions judiciaires et administratives. Comment pouvoir s'imaginer, en se réveillant un beau matin, qu'on est devenu tout-à-coup sous-préfet, maire, juge de paix, commissaire de police, garde-champêtre, etc., etc., sans cesser d'être officier ? SI J'ÉTAIS ROI n'est qu'une pâle édition de la chose.

Aussi plusieurs se rendent-ils justice avant de la rendre aux autres. Je suis vieil Algérien et je peux en parler savamment. Les officiers déclassés au point de vue professionnel, que j'ai connus, exerçant entre autres fonctions celles de magistrat, n'ouvraient jamais le Code. Ils avouaient, du reste, avec une franchise honorable, ne rien comprendre à ce grimoire qui fait la fortune des hommes de loi et cause la ruine des plaideurs. Mais tous ne témoignaient pas la même sagesse. C'étaient alors des interprétations et des applications insensées. Ils ignoraient, par exemple, l'abolition de la loi sur le divorce, dont le texte subsiste encore dans les anciennes éditions, et divorçaient d'un trait de plume les époux qui s'adressaient à eux pour reconquérir leur liberté. Quelquefois la femme était jolie..... Et tant d'autres hérésies légales, non moins bouffonnes que celle que je viens de citer ! En matière administrative, les pas de clerc étaient aussi nombreux qu'en procédure civile et commerciale. « A chacun son métier, » n'est-il pas vrai ?

Cependant, il faut le reconnaître, tant que la conquête d'un pays n'est pas assurée, tant que l'on se trouve en présence du peuple soumis, privé encore du contre-poids de la civilisation, le gouvernement ou l'administration militaire s'impose. En Algérie, elle eut sa raison d'être pendant les premières années de l'occupation. Aujourd'hui, sauf quelques points reculés du territoire, où l'élément européen n'a pu encore pénétrer, elle doit faire place à l'administration civile, la seule régulière, la seule colonisatrice. Le gouvernement militaire n'est autre chose qu'un *commandement*.

Il substitue l'arbitraire à la loi; il ne résout pas les questions, il les tranche; partant, nulle garantie. Or, il faut des garanties pour attirer et retenir l'immigration.

Nous savons bien que le régime militaire va dispa-

raître entièrement, mais qui le nierait? Ne se croit-il
pas bien et dûment investi de l'éternelle puissance?
Ne s'efforce-t-il point d'affirmer sa suprématie sur les
institutions de droit commun? L'Algérie est sa conquête? Qu'est-ce que le gouvernement civil à ses yeux?
— Un usurpateur. — On comprend les prétentions du
régime militaire, si monstrueuses qu'elles soient. Il
s'est habitué à considérer l'Algérie comme sa propriété,
comme sa chose. — L'Algérie!! mais c'est un héritage
qui doit se transmettre d'épaulette à épaulette jusqu'à
la vingt-cinquième génération. En vertu de ce principe qui substitue l'intérêt de l'armée à l'intérêt natio-
nal, Augeraud, par exemple, serait le légataire univer-
sel de Bourmont·

Le régime militaire a toujours cherché et toujours
trouvé sa force principale dans les bureaux arabes,
création de la première heure. A l'origine, le bureau
arabe, on le sait, n'était qu'un bureau de *police à
cheval.* Il se recrutait d'indigènes appartenant à des
tribus soumises et servant d'éclaireurs à travers des
contrées et des populations encore inconnues. — Il ren-
seignait les commandants de colonne sur la topogra-
phie des itinéraires stratégiques et sur les agissements
des populations ennemies. Les bureaux arabes, créés
par les nécessités du moment, sans règle d'action, sans
pouvoirs définis, en prirent à leur aise. — Ils se dé-
veloppèrent sur toute l'étendue de la conquête, et, grâce
à leurs ramifications envahissantes, finirent par s'accro-
cher au gouvernement comme un faisceau de lianes au
tronc du palmier. Ils n'étaient en réalité que le rejeton
du gouvernement turc, mitigé par une politique qui
met des formes dans sa manière d'opérer et s'efforce de
sauver les apparences.

Ne les avons-nous pas toujours sous les yeux, ces
bureaux arabes, que l'on croyait détruits et qui se

transforment avec une vitalité nouvelle ? Niez donc leur influence! Ils sont partout et, comme les Khouans, enserrent les trois provinces algériennes. La faux des réformes n'atteint pas leurs racines. Semblables au chiendent, plus on les tond, plus ils repoussent. Les officiers des bureaux arabes (l'armée n'est pas en cause) comptent déjà plusieurs générations administratives. Ils forment cette puissante agrégation qui leur a valu le surnom de Templiers modernes. A quelque degré de la hiérarchie militaire qu'ils parviennent, l'esprit de solidarité les unit, les confond. Les anciens, qui sont devenus maréchaux, tendent une main fraternelle aux petits qui débutent dans la carrière. Ne fait point partie qui veut de la sacro-confrérie. Le néophyte doit présenter toutes les garanties d'intelligence, de discrétion et d'élasticité morale. « Chacun pour soi, chacun pour tous. » Telle est la maxime qu'il faut suivre et vénérer comme profession de foi. Cette institution, sans base légale, a fini par acquérir une si grande importance politique, qu'elle s'est substitué de fait au gouvernement militaire.

Son nom avait effacé jusqu'au nom de celui-ci. On ne disait plus : « Le gouvernement », on disait : « Les bureaux arabes ». Le fait est qu'il fallait, en haut lieu, compter avec elle. Plus d'un gouverneur général eut à se repentir de lui avoir résisté, comme plus d'un pape d'avoir résisté à la compagnie de Jésus.

Les bureaux arabes n'ont jamais cessé d'être la bête noire de la colonisation. Celle-ci leur reproche de vouloir perpétuer en Algérie le système anti-civilisateur, à leur profit, et, par conséquent, de lui opposer mille et mille obstacles. On pourrait mettre les bureaux arabes au défi de trouver dans l'élément civil une seule voix qui osât prendre leur défense. S'ils ne sont pas coupables au degré prétendu, il faut s'en prendre à la fatalité.

Peut-on niér la coïncidence qui existe entre leurs intérêts et les événements? Chaque fois que les bureaux arabes se sont vus menacés dans leur existence politique, un mouvement insurrectionnel, un trouble dans les populations indigènes, est venu démontrer l'utilité et la nécessité de leur concours. Le génie du mal semble les couvrir de son égide. Mais la masse qui ne croit pas à l'intervention d'une puissance infernale dans les choses de ce bas monde, prétend que nos fléaux sont le résultat d'un calcul politique et intéressé. Je pourrais citer une foule de faits auxquels les bureaux arabes, aux yeux de l'opinion générale, ont prêté la main, mais cette revue historique serait trop longue; elle ne peut entrer dans mon cadre.

Et si, des faits généraux, on voulait passer aux faits particuliers, la plume tomberait de la main.......

Tous les épisodes funestes, politiques et judiciaires qui souillent de boue et de sang l'histoire des bureaux arabes ont bien plus contribué à les perdre dans l'opinion publique que leur hostilité systématique et persévérante contre la colonisation.

Il y a, sans doute, injustice en cela, car on ne doit pas rendre une collectivité responsable de crimes résultant de l'initiative personnelle. Tel est, du moins, mon avis; mais tout le monde ne pense pas de la sorte.

« Soit, diront mes contradicteurs, l'initiative se traduit par un acte criminel; mais l'initiative elle-même provient, à n'en pas douter, d'un certain ordre de choses, d'une condition spéciale, des vices d'une institution telle que celle qui nous occupe. Nombre de frères ignorantins commettent des attentats à la pudeur parce qu'ils sont voués au célibat et, par cela même, plus exposés aux tentations du démon de la chair. La facilité de s'enrichir *per fas et nefas*, offerte à un homme dont les principes sont vulnérables, les appétits sans limite

et l'administration sans contrôle ; à un homme qui sera
souverain dans la sphère de son commandement, qui
pourra étouffer toute plainte et se venger de tout plai-
gnant ; à un homme qui trouvera encouragement dans
les traditions de son emploi et protection, au besoin,
chez ceux dont il relève ; la facilité de s'enrichir, jointe
à celle de grandir en position, livrée à un Verrès, petit
ou grand, doit donner lieu nécessairement à une foule
d'abus, de scandales, d'exactions, de vols et même
d'assassinats. ».

— Mais tous les officiers des bureaux arabes ne sont
pas des Verrès.

— Fort heureusement. On compte parmi eux des exceptions d'autant plus honorables qu'elles ont su mieux
résister. Ces braves officiers, admirons-les et surtout
plaignons-les, car ils reçoivent les éclaboussures du
mal qu'ils n'ont pas commis. Vous n'empêcherez pas
que le corps entier ne souffre de la gangrène de l'un de
ses membres, et que les congrégations ne soient toujours exposées à se ressentir de l'immoralité de ceux
qu'elles ont introduits dans leur sein. Si cela n'est pas
rigoureusement équitable, cela est, du moins, nécessaire. La solidarité constitue une puissante garantie de
discipline, de dignité et d'honneur. Les castes elles-
mêmes n'en sont point affranchies. De même que le forfait de Mingrat rejaillit sur le clergé, celui du duc de
Praslin contribua puissamment à altérer le prestige de
la noblesse dans les derniers temps du règne de Louis-
Philippe. Le crime de Doineau, pour ne parler que de
celui-là, fut l'un des premiers coups portés à l'institution des bureaux arabes. Dès lors, on s'explique les efforts du clergé, de la haute aristocratie et des bureaux
arabes à couvrir d'un voile impénétrable tous les faits
particuliers dont le retentissement leur causerait une
blessure incurable. Toutes les influences sont mises en

jeu pour paralyser l'action de la justice ou pour la dé-
router ; on escamote le criminel, ou bien le crime se
réduit à des proportions si minces que ce n'est vraiment
plus la peine d'en parler. Or, ce que le public exècre
par-dessus tout, c'est la dérogation au droit commun,
c'est l'impunité systématique dont bénificient ceux qui
le méritent le moins. Il ne faut pas que l'égalité devant
la loi soit un vain mot.

Le mystère qui enveloppe la politique des bureaux
arabes les protège singulièrement. Il fut un temps —
et ce temps n'est pas encore bien éloigné de nous — où
nul Européen ne pouvait mettre le pied sur leur do-
maine. — Une ligne invisible, mais infranchissable,
séparait le territoire civil du territoire militaire. Malheur à qui s'aventurait parmi les indigènes placés sous
leur despotisme ! Le commerçant trouvait la ruine là
où, loin d'être protégées, les transactions étaient pros-
crites ; le touriste se voyait traité en espion là où il fallait empêcher toute relation de se produire; quant au
colon, qu'eût-il fait là où toute transaction immobilière
était d'avance frappée de nullité, et toute demande de
concession inexorablement repoussée ?

Et les bureaux arabes se plaignent de l'injustice et
de l'ingratitude des Algériens à leur égard !!...

Et ils font des procès à ceux qui racontent leurs his-
toires !!...

La dernière insurrection est encore un de ces événements qui semblent, par leur rapprochement de certaines circonstances ou d'une certaine situation, n'être
point exclusivement l'œuvre de grands chefs indigènes.

Je n'ai pas la prétention de vouloir trancher cette
question délicate. Mon but est d'exposer purement et
simplement l'historique du procès dont la Cour d'assises de Constantine se trouve actuellément saisie et de

me placer à un point de vue particulier pour en expliquer les causes et en déduire les conséquences qui me
semblent les plus naturelles.

———————

AVANT.

Sous la domination des Turcs, l'Algérie n'était qu'une mosaïque de confédérations plus ou moins importantes, suivant le nombre des tribus que comprenait chacune d'elles. Plusieurs grandes familles se partageaient le territoire de nos trois provinces actuelles, mais sans jamais pouvoir exercer une autorité sûre de son lendemain, car les grandes familles se trouvaient en présence de familles rivales toujours disposées à les supplanter. Sous ce rapport, la féodalité arabe différait de la féodalité européenne du douzième siècle. Chez nous, les hauts barons jouissaient de droits de naissance reconnus, incontestés. Ils bataillaient entre eux, mais, sauf de rares exceptions, ne comptaient que des vassaux fidèles. L'Arabe n'avait que des chefs ; les grands mots de nationalité, de patrie ne correspondaient à aucune de ses idées.

Quand on parle de la nationalité arabe, on témoigne d'une profonde ignorance de l'esprit et des mœurs des fractions indigènes. Le Kabyle fait exception, peut-être ; mais il ne faut pas plus confondre le Kabyle avec l'Arabe, que la montagne avec la plaine. Celui-ci ne parle pas la même langue que celui-là ; l'un est nomade, communiste ; l'autre, fixé au sol, dont une parcelle lui appartient. *Ubi sol, ibi patria.* Il n'en faut pas davantage pour expliquer l'existence en faveur du Kabyle d'institutions séculaires véritablement démocratiques qui n'existent pas même en germe chez son voisin.

De là, une ligne de démarcation profonde.

Cette ligne, les Arabes et Kabyles sont naturellement portés à l'effacer pour faire cause commune contre nous, qui sommes à leurs yeux l'ennemi commun,
par le fait de la conquête et les excitations des marabouts fanatiques.

Les Turcs, conquérants du pays, avaient sur nous
l'avantage énorme de pratiquer la religion des vaincus.
Ils portaient le Coran d'une main et le sabre de l'autre ;
ils frappaient sans pitié ceux qu'ils ne pouvaient cour-
ber sous le joug de leur despotisme fataliste.

Mais les Turcs eux-mêmes n'auraient jamais pu se
maintenir de Tunis au Maroc et de la mer au Sahara
avec quelques milliers d'hommes, s'ils n'eussent été se-
condés par les compétitions et luttes permanentes qui dé-
sagrégeaient les forces actives des tribus. Leur politique
consistait principalement à entretenir cet état d'indivi-
sion et à se créer des auxiliaires, en se faisant acheter
leur appui. Les çofs ou plutôt les chefs des çofs, toujours affamés de dignités, de puissance et de richesses,
tenaient d'eux l'investiture et ne la conservaient qu'à
la condition de leur rester fidèles. Ils devenaient, bien
entendu, tributaires et prodiguaient des trésors pour
entretenir le protectorat dont ils étaient l'objet. Les
fonctionnaires de la Sublime-Porte se prêtaient volon-
tiers à la corruption, et laissaient les chefs parfaitement
libres d'exercer les exactions et concussions les plus
révoltantes, pourvu qu'il leur revînt une part du gâ-
teau.

A la moindre velléité d'indépendance ou de ladrerie,
ils faisaient un signe au çof rival qui toujours guettait
le pouvoir comme une proie, et celui-ci ne tardait point
à changer de main.

Cela se pratiquait de la sorte du haut en bas de l'é-
chelle administrative, lorsque la France prit possession

de l'Algérie. On peut dire que le système à suivre était tout tracé ; les bureaux arabes, institués pour contenir les indigènes, n'eurent qu'à le suivre. La formule des Turcs : « DIVISER POUR RÉGNER » n'éprouva dans la pratique aucune solution de continuité. Si elle n'était pas très-morale, elle assurait du moins la tranquillité. D'ailleurs, je vous le demande, la politique se soucie-t-elle beaucoup de la morale ? Pour elle, surtout, la fin justifie les moyens.

Les bureaux arabes, répartiteurs, collecteurs et receveurs des impôts, puisque les caïds n'étaient, à proprement parler, que leurs agents ; dispensateurs des emplois, puisque la consécration du gouvernement n'était qu'une simple formalité ; détenteurs de pouvoirs exceptionnels, puisqu'ils constituaient un Etat dans l'Etat ; les bureaux arabes, composés presque toujours d'hommes intelligents, actifs, astucieux par profession, avides par besoin et, par-dessus tout, ambitieux, jetèrent leur épervier sur les trois provinces pour y pêcher en eau trouble hommes et choses. Ils ne tardèrent point à absorber l'aristocratie indigène : cheiks et caïds ne songèrent pas même à leur résister.

Les luttes intestines, la guerre contre la France, avaient détruit nombre d'anciens çofs ; les bureaux arabes en créèrent de nouveaux ; ils créèrent aussi des fonctionnaires indigènes nouveaux, suivant leurs besoins, et souvent leur choix se porta sur des candidats étrangers au pays qu'ils devaient administrer, et ne réunissant aucune condition de notabilité, de notoriété et de moralité. C'étaient, de préférence, des chaouchs ayant droit à une riche gratification. Les populations indigènes, qui ne placent leur confiance qu'en ceux qu'elles connaissent et n'éprouvent de respect que pour ceux qui en sont dignes, ne pouvaient se résigner à subir le commandement de ces fonctionnaires improvisés, et protestaient de la manière la plus énergique contre leur nomination. La répugnance générale, souvent justifiée par des actes peu méritoires, provoquait des insurrections faciles à réprimer, du reste, et plus faciles encore à exploiter.

Nous venons de signaler l'une des principales causes des agitations si fréquentes dont l'Algérie fut le théâtre. — Donc, les bureaux arabes ne se contentaient point de diviser les chefs entre eux, ils ménageaient encore des conflits entre les chefs et leurs administrés.

On voudrait ne pas croire à la théorie des insurrections, mais il serait difficile d'en nier l'existence, ne fût-ce qu'en voyant les insurrections ainsi préparées et toujours prêtes à faire explosion comme des mines dont il suffit d'allumer la mèche.

Le temps des insurrections !... Le bon temps que c'était pour les semeurs de graines d'épinards et pour les moissonneurs de douros !

Cependant, quelques grands chefs indigènes avaient pu conserver une indépendance relative et rester debout comme ces arbres de haute futaie que respecte la cognée du bûcheron.

La province de Constantine en comptait plus que les deux autres . Citons les principaux :

Le cheik Bou Akkas, prince du Ferdjioua, où il continua longtemps d'exercer le droit de haute et basse justice.

La famille des Mokrani, non moins souveraine dans la Medjana.

Ben Ali Chérif, qui avait hérité de ses ancêtres, aux Chellatas, du pouvoir politique et du prestige religieux.

Ces grands seigneurs fiers, et jaloux de leurs droits, s'étaient moins soumis, qu'ils n'avaient traité avec la France. Mais, du jour où leurs services devinrent inutiles contre la résistance des tribus rebelles, du jour où, enveloppés par notre domination, ils se virent condamnés à l'isolement, à l'impuissance, on put songer à les réduire à leur tour. Il fallait aux bureaux arabes d'aveugles instruments, l'égalité sous le joug.

Les grands chefs indigènes sentirent le danger qui les menaçait. Ils durent se résigner à fléchir, mais en rongeant le frein. Ceux qui, par orgueil, ambition ou lassitude, manifestèrent quelques velléités d'indépendance furent marqués à l'encre rouge. On les provoqua par des mesures irritantes, on se montra aigre et méprisant dans les relations, on les amena à se compromettre ; puis, le moment venu d'accuser ou de donner consistance au soupçon, on les remplaça par de véritables créatures.

C'est ainsi que le cheik Bou Akkas, pour des raisons que le public a toujours ignorées, fut enlevé un beau jour, et transporté en France où il faillit mourir de nostalgie, quoiqu'on lui eût donné le château de Pau pour résidence. Au bout de quelques mois, on le prit en pitié et on l'interna à Alger. Mais il paraît que sa traversée lui coûta fort cher... trois cent mille francs !! Aujourd'hui, le vieux Bou Akkas habite Constantine. En ne retournant pas au Ferdjioua, il fit preuve d'une grande prudence ; il évita ainsi d'être englobé dans l'insurrection et poursuivi comme tant d'autres à raison de charges plus ou moins graves.

L'autorité séculaire des Ben Ganah ne fut pas plus épargnée dans le Sud par les bureaux arabes, que celle de Bou Akkas dans le Ferdjioua. Ils furent remplacés dans le commandement par un homme sans naissance, sans notoriété, une sorte d'aventurier qui, dit-on, sut tirer grand profit de sa nouvelle position, et, par cela même, s'attira la haine de ses administrés. Cette haine, sourde d'abord et longtemps contenue, éclata en 1871

et produisit l'insurrection de Tuggurt, où deux çofs :
le çof d'Ali Bey et le çof des Ben Ganah, engagèrent la
lutte l'un contre l'autre, plutôt que contre la France.

Mokrani et Ben Ali Chérif parvinrent à se maintenir. Ces deux chefs, il faut le reconnaître, adminis-
traient avec une grande intelligence et politiquement
ne donnaient prise à aucun reproche. Puis, ils s'étaient
créé de hautes relations ; ils avaient pour amis ou pro-
tecteurs tous les généraux et maréchaux, vieux officiers d'Afrique, leurs anciens compagnons d'armes. On
les considérait plutôt comme Français que comme indigènes. Ils faisaient de fréquents voyages en France, à
Paris ; ils étaient reçus aux Tuileries et donnaient un
relief particulier aux fêtes de la Cour. Mokrani et Ben
Ali Chérif tenaient à honneur de figurer avec éclat
dans la société la plus brillante de l'Europe. Ils répandaient l'or, se conduisaient en véritables grands seigneurs pour soutenir le prestige de leur famille et de
leur position. Mokrani surtout se livrait à de grandes
dépenses, si grandes qu'elles finirent par absorber et
excéder ses revenus.

Mokrani ne recula pas devant l'emprunt, souscrivit
des billets qu'il lui fallut renouveler à des conditions
onéreuses. Capital et intérêts firent comme la boule de
neige, sans que Mokrani, insouciant comme la plupart
des Arabes, songeât seulement à mettre un peu d'ordre
dans ses affaires.

Avant 1867, Mokrani se trouvait déjà fort obéré.

A l'époque de la famine, lorsqu'il fut question de
fournir aux Arabes dénués de toute ressource les céréales nécessaires aux ensemencements, le maréchal de
Mac-Mahon, gouverneur général de l'Algérie, invoqua
le secours de Mokrani en faveur de ses malheureux administrés. Le bach-agha répondit à l'appel du maréchal. Il acheta une grande quantité d'orge et de blé,

contracta de lourdes obligations dans le cours de cette grande opération commerciale. Ses avances devaient lui être remboursées par les emprunteurs après la récolte ; malheureusement, l'éventnalité sur laquelle reposait cette condition trahit ses espérances et il resta débiteur, pour plusieurs centaines de mille francs, d'un négociant de Constantine, son fournisseur de grains. Le recouvrement devint de plus en plus difficile ; Mokrani se trouvait en face de l'insolvabilité générale. Il pouvait compter encore sur la garantie morale qu'il tenait de M. de Mac-Mahon .Mais survint l'ordre du jour du Corps législatif (10 mars 1870) qui portait condamnation, en principe, du régime militaire et pronostiquait l'avènement prochain du régime civil. que certains renseignements, dont il est facile de deviner l'origine, lui représentaient comme l'ennemi mortel de la féodalité indigène, des privilèges et immunités des grands chefs et, par conséquent, comme le coup de pioche porté à sa fortune personnelle. Le régime civil, en un mot, c'était pour lui, la ruine certaine, puisqu'il devait le mettre dans l'impossibilité de faire honneur à ses engagements commerciaux et autres, en supprimant la source principale de ses revenus.

A la suite du vote du Corps législatif, le maréchal de Mac-Mahon offrit sa démission de gouverneur général de l'Algérie. Mokrani, de son côté, voulut donner la sienne. Etait-ce par flagornerie ou esprit d'imitation ? Peut-être se croyait-il indispensable et espérait-il faire pression sur les décisions du gouvernement en le menaçant de sa retraite. Quoiqu'il en soit, l'occasion se présentait de liquider sa position en se faisant acheter le rapport de sa démission. C'est vers ce temps qu'il aurait été concédé à Mokrani vingt mille hectares de terre, un cadeau de deux millions ! Mais

vingt mille hectares de terre, situés dans la Medjana,
ne payent pas un billet de 500 francs à son échéance.
Les embarras financiers de Mokrani n'en subsistèrent
pas moins. Il garda ses fonctions de bachagha.

La guerre de 1870 éclate. Mokrani offre ses services
à Napoléon III. Il croit à la victoire et à la récompense
la plus éclatante de son dévouement. On lui répond par
une fin de non recevoir polie. Il reste donc dans la
Medjana, nourrissant d'autres projets et voyant, dans
ses rêves, toujours apparaître le spectre d'un huissier
porteur de quelque fatale *carta*. L'huissier, quand il
devient un cauchemar habituel, pousse naturellement
à la révolte. Quoi de moins étonnant que Mokrani songeât, dès-lors, à lessiver sa situation financière dans
un débordement général ? Toutefois, il attendit que la
situation désastreuse de la France se dessinât davantage. Il ne croyait pas à la chute définitive de l'empire,
ni à l'anéantissement absolu de nos armées. Bien que
l'Algérie, par un élan spontané, dont le patriotisme
excuse l'aveuglement, se fût complétement dégarnie
de troupes régulières et même de sa population mili-
tante, Mokrani attendait toujours. Mais plus la France
perdait de sang et de forces, plus son audace croissait.
Les bureaux arabes ne pouvaient ignorer ses agissements à ciel ouvert. Il est certain qu'il armait depuis
le vote du Corps législatif, en prévision de l'établisse-
ment du régime civil. Une partie de l'argent qu'il em-
prunta fut détournée des achats de céréales nécessaires
aux ensemencements pour augmenter des approvisionnements de poudre. Il dépensa plus de deux cent
mille francs, dit-on, à se procurer des chevaux de
guerre. Ce fut, de sa part, un tel accaparement de ces
animaux, qu'ils disparurent des marchés pendant quelque temps.

Les bureaux arabes ignoraient-ils cela ?

Oh ! non. Mais alors pourquoi n'ont-ils pris aucune mesure propre à faire cesser de tels préparatifs ? Peut-on prétendre sérieusement qu'ils s'expliquaient par la prétendue nécessité dans laquelle se trouvait Mokrani de se mettre en défense contre les entreprises du çof rival dont Abd el Sellem était le chef ? Mais Abd el Sellem n'armait pas, lui..... du moins ostensiblement. Et, supposé qu'il armât, l'autorité militaire, à plus forte raison, ne devait-elle point rechercher le mobile d'un acte de cette nature ? Quoi ! nous subissions les plus cruels désastres, l'Algérie était dégarnie de troupes, l'insurrection planait sur nos trois provinces et de grands chefs indigènes pouvaient, sous un prétexte frivole, inadmissible, former de redoutables contingents !

Voici l'interprétation la plus plausible de l'étrange inertie du gouvernement militaire en cette grave occurence :

Si l'avènement du régime civil était une menace de ruine pour Mokrani, il était une certitude de mort pour le régime militaire. Or, le régime militaire, parfaitement instruit des sentiments et des intentions de Mokrani à l'égard du régime civil, n'était peut-être nullement fâché de léguer à celui-ci l'embarras d'une petite insurrection.

Le bach-agha Mokrani — cette hypothèse admise — faisait donc les affaires du régime condamné, lequel espérait, du reste, arrêter le mouvement d'un mot, lorsque l'efficacité de son intervention aurait été suffisamment démontrée.

Le décret du 24 octobre, portant naturalisation en masse des Israélites indigènes, ne fut qu'une circonstance fortuite et accessoire, dont Mokrani sut tirer grand parti pour justifier son insurrestion et lui donner le plus de développemeut possible. Il exploita ainsi le mépris que la race de Jacob inspire à tous les Musulmans. Ce préjugé, Mokrani l'éprouvait au-delà de toute expression. Sa politique s'accordait donc avec ses sentiments. Mais il exagéra les conséquences de cette naturalisation. Lors de ses excursions si nombreuses à travers les tribus, il prétendait que la France était gouvernée par un *juif* ; que l'Algérie ne tarderait point à être administrée par des *juifs*, à l'exclusion des musulmans et à la honte de l'Islam ; qu'enfin les *juifs* seraient les répartiteurs et les percepteurs des impôts. Cette dernière allégation devait mettre le comble aux griefs accumulés par Mokrani contre le décret du 24 octobre signé CRÉMIEUX.

Mokrani, toujours dans le but de favoriser son projet en excitant les indigènes, leur représentait le régime civil sous les couleurs les plus fantaisistes. Suivant lui, l'application de ce régime devait avoir pour résultat l'augmentation des impôts, l'expropriation du sol, l'abrogation des statuts musulmans relatifs à la constitution de la famille, c'est-à-dire aux mariages, aux divorces, aux droits de succession, etc. Mokrani, d'un autre côté, représentait la France comme étant devenue la conquête définitive de l'Allemagne et n'ayant plus de soldats. Quant à l'Algérie, ajoutait-il, nous n'avons besoin que de tendre la main pour la reprendre. Etait-il de bonne foi quand il tenait ce langage ? C'est possible ; mais il subissait lui-même, probablement, l'influence de certaines conversations particulières empreintes d'un esprit d'hostilité systématique contre le régime civil. Le régime militaire fortifiait ainsi le bach-agha.

Vint le moment où Mokrani crut pouvoir lever la tête et poser un véritable *ultimatum* à l'autorité elle-même,

Il écrivit au capitaine Olivier, du bureau de Bordj-bou-Arreridj : « Je n'accepterai jamais le gouvernement

civil, à plus forte raison celui d'un juif; mais j'accepterai tout du sabre, dût-il me frapper. » Cette réponse,
d'ailleurs, n'était guère de nature à froisser la suscep-
tibilité des officiers-fonctionnaires. Ils ne s'en émurent
pas le moins du monde, si l'on en juge par l'extrême
mansuétude avec laquelle ils laissèrent Mokrani conti-
nuer ses agissements. Il semble que la gravité de la situation leur ait échappé complétement.

Cependant, Mokrani retardait son entrée en campagne au point de s'attirer des reproches de la part de
ceux qu'il avait entraînés dans le complot. C'est qu'il
ne voulait pas d'insurrection partielle ayant la Medjana pour théâtre. Il aspirait à embrâser les trois provinces, à reprendre le rôle d'Abd el Kader, en dispo-
sant de plus de ressources-que n'en possédait l'ex-émir.
Il lui fallait la Kabylie tout entière, la Kabylie avec
ses rudes habitants pour soldats et ses rochers presque
inacesssibles pour quartier-général. Mais la Kabylie
se trouvait entre les mains d'une secte religieuse dont
les ramifications s'étendaient, à l'est, jusqu'à Tunis ;
à l'ouest, jusqu'au Maroc; au sud, jusqu'à l'intérieur
du Sahara.

Je veux parler des *Khouans*. Ils obéissent à des chefs
nommés *mokaddems*, qui obéissent eux-mêmes au grand
maître de l'ordre dont la résidence, avant et pendant
l'insurrection, était Seddouk, village de la grande Kabylie. Le grand-maître actuel est le fameux cheik El
Hadded, qui jouissait et jouit encore, du fond de sa
prison, d'un prestige et d'une domination sans bornes.
Il n'existe pas de fakir mieux réussi. Il habitait depuis
vingt ans une niche obscure d'où il ne sortait, à de
longs intervalles, que pour se faire descendre dans un
silo. Ces pratiques extérieures l'avaient revêtu d'un tel
caractère de sainteté, aux yeux des Khouans, que ceux-
ci se rendaient en pèlerinage, auprès de lui, de toutes

les extrémités de l'Algérie. Pour être admis à toucher un coin de son burnous, il fallait verser une offrande de cent francs. Le commun des fidèles ne le voyait jamais qu'à travers une lucarne étroite. Souvent il suffisait à la foule fanatique de savoir qu'il était là, derrière la muraille, plongé dans ses méditations extatiques ou en train de converser avec Dieu. Le cheik El Hadded compte 82 ans d'âge, ses yeux sont encore très-brillants, mais ne se fixent sur rien d'ici-bas ; peu de rides sillonnent son visage ; sa barbe blanche, séparée en deux touffes, ressemble à celle du Moïse de Michel-Ange.

Le cheik El Hadded est de basse extraction ; son nom, El Hadded, signifie en français : « *le forgeron* » et rappelle la profession qu'il exerçait avant d'embrasser celle de faiseur de miracles, beaucoup plus lucrative, s'il est vrai qu'elle lui produisit, en moyenne, trois mille francs par jour. Comment le cheik El Hadded parvint-il à cette haute position religieuse et financière ?

Pour répondre à cette question, je dois revenir à Ben Ali Chérif, bach-agha de Chellata.

Ce chef indigène, ainsi que les Mokrani, est d'illustre origine. Il descend de Mahomet, s'il faut en croire sa généalogie, qui remonte au temps le plus reculé de l'Islam. En vertu même de cette origine, les ancêtres de Ben Ali Chérif, et lui-même, ont toujours réuni dans leurs mains le pouvoir spirituel et le pouvoir temporel. Ils régnaient, avant l'occupation française, sur les Chellata et une partie de la riche vallée de l'Oued-Sahel, en leur double qualité de bach-agha et de grands marabouts.

Ben Ali Chérif était jeune encore lorsquil perdit son père. Le premier usage qu'il fit de l'autorité politique et religieuse dont il venait d'hériter, fut d'aider la France à mettre le pied au sein de l'Oued-Sahel et de la Kabylie. Dans une certaine circonstance, il sauva la colonne du maréchal Randon en usant de son influence sur les Kabyles qui l'enveloppaient de toutes parts. La France se montra reconnaissante de ses services et ne lui marchanda ni les récompenses ni les honneurs.

Dès l'année 1860, le bach-agha de la Medjana était officier de la Légion d'honneur. La supériorité de son intelligence, l'instruction relative qu'il avait reçue, le poussaient vers le progrès et la civilisation. Il apprit le français qu'il parle avec une grande facilité, fit plusieurs voyages à Paris, se frotta au mœurs et coutumes de la France, si bien qu'il finit par devenir presque Français, aux yeux des indigènes surtout, qui étaient plus particulièrement frappés de sa transformation. Les fanatiques n'hésitèrent point à lui reprocher d'avoir renié l'Islam et les traditions de ses ancêtres pour faire cause commune avec les *roumis*. A partir de ce moment, Ben Ali Chérif perdit une partie de son prestige sacerdotal. Il vit sa clientèle religieuse diminuer de jour en jour et la zaouïa du vieux mokkadem El Hadded recueillir les nombreux pèlerins qui naguère lui apportaient leurs offrandes. De telle sorte que plus l'influence de Ben Ali Chérif baissait, plus augmentait celle du fakir de Seddouk. Le bach-agha des Chellata ne continua pas moins de suivre la voie dans laquelle il s'était engagé et qui pouvait assurer complètement la tranquillité du pays qu'il administrait. Membre du Conseil général, il prenait, en 1859, l'initiative de motions que le plus libéral des colons n'eût pas désavouées. Entres autres, celles-ci : Liberté des transactions immobilières et autres, entre Européens et indigènes, dans la haute et basse Kabylie; suppression de la justice musulmane ; application de la loi française en matière civile et commerciale, sous réserve du statut personnel ; développement aussi large que possible de l'enseignement mixte dans le but d'opérer la fusion des deux éléments, français et indigène.

Il faut bien le dire, Ben Ali Chérif, en se prononçant de la sorte pour la civilisation et la colonisation, déplaisait souverainement au régime militaire duquel il tenait son investiture. On lui reprocha en haut lieu son attitude ; il répondit simplement : « J'ignorais qu'il fallût *passer à l'ordre* avant d'entrer en séance. » C'était rompre avec la politique des bureaux arabes, qui ne le lui pardonnèrent pas.

Le vieux mokaddem El Hadded ne cessait d'étendre sa domination et d'augmenter sa fortune avec l'intention de consacrer, un jour, l'une et l'autre à la guerre sainte, qu'il ne cessait de prêcher à ses fidèles et dont il prédisait l'heureux résultat. Du fond de sa cellule infecte, cet homme exerçait, comme je l'ai dit, une influence sans exemple sur ses innombrables Khouans des trois provinces. Seddouk était devenu depuis longtemps un foyer d'intrigues et de complots contre le gouvernement.

Personne ne l'ignorait. Ben Ali Chérif, chargé de l'administration du pays, voyait avec inquiétude pour sa responsabilité les agissements du mokaddem. Il avertit mainte et mainte fois l'autorité militaire en la suppliant de prendre des mesures contre les Khouans ou de lui permettre d'agir contre eux dans l'intérêt de la tranquillité générale. Il importait beaucoup de réduire El Hadded à l'impuissance, de dissoudre cette secte qui osait conspirer au grand jour. Mais l'autorité militaire ferma les yeux et les oreilles. Que dis-je ? elle couvrit de sa protection et de ses faveurs la famille d'El Hadded. Par exemple, elle fit nommer chevalier de la Légion d'honneur Azziz, le second fils du mokaddem. Voilà une croix bien employée !

Le colonel Bonvallet tenait le commandement supérieur du cercle de Bougie. Il était, au vu et au su de tout le monde, l'appui d'Azziz — dont on avait fini par faire un caïd — et presque son ami. Comment se rendre compte des relations qui unissaient le colonel et le fils d'El Hadded ? On ne pourrait dire, sans faire injure à M. Bonvallet, qu'il trouvait un charme particulier dans la société d'Azziz, dont les manières et le langage laissent tant à désirer, ou qu'il éprouvait une sympathie sincère pour cet homme dont les appétits grossiers, les habitudes de débauche scandalisaient les Khouans eux-mêmes. Quoi qu'il en soit, des relations existèrent, relations monstrueuses socialement et politiquement, qui se traduisirent par une plus grande audace du çof d'El Hadded, soutenu et pour ainsi dire encouragé à persévérer dans la voie de l'anarchie et de la révolte.

La situation administrative de Ben Ali Chérif devenait de plus en plus impossible. Froissé dans ses susceptibilités les plus légitimes, désavoué, de fait, par le colonel Bonvallet, menacé d'être débordé par le çof de son rival, ou plutôt de son ennemi El Hadded, il prit le parti de renoncer à ses fonctions de bach-agha. Il envoya sa démission au maréchal Mac-Mahon, qui refusa de l'accepter. Quelque temps après, le second empire déclarait la guerre à la Prusse. On sait avec quelle rapidité se précipitèrent les évènements qui devaient causer le désastre de la France. L'Algérie se saigna aux quatre membres pour venir en aide à la mère-patrie; Mokrani, le doigt sur notre pouls, en comptait les pulsations : « La malade n'est pas encore assez faible, se disait-il, attendons. »

Mais il ne perdait pas une heure, une minute; il travaillait à réunir tous les çofs, amis et ennemis, sous le drapeau de son insurrection. Tâche difficile, délicate, qu'il parvint cependant à accomplir, grâce à..... à.....

la naïveté du général Augeraud et du colonel Bonvalet. Il lui suffit de dire à ces officiers supérieurs, pour les faire abonder dans son sens : « Le çof d'Abd el « Sellem, ennemi du mien, et le çof de El Hadded, en- « nemi de celui de Ben Ali Chérif, vont profiter de « l'épuisement de vos forces militaires pour embrâser « la Medjana et la Kabylie en tombant, Abd el Sellem « sur moi, et le cheik El Hadded sur Ben Ali Chérif. « Prenez garde! l'incendie, porté dans la broussail,le « gagnera peut-être vos fermes, vos villages, vos vil- « les même. Evitez cette conflagration générale en « réconciliant les çofs entre eux. Si vous daignez le « permettre, je ferai tout ce qui dépendra de moi pour « empêcher ce malheur. »

— Brave homme! fidèle serviteur! s'écrièrent d'une commune voix le général Augeraud et le colonel Bonvalet; vas-y gaîment!

Mokrani se mit en campagne, sa réconciliation avec Abd el Sellem s'opéra avec d'autant plus de facilité que le général Augeraud y présidait en personne. Voilà donc la Medjana tout entière sous la main de Mokrani.

Quant à la réconciliation entre Ben Ali Chérif et El Hadded, elle offrait beaucoup plus de difficultés. Le mépris de Ben Ali Chérif pour Cheik el Hadded était insurmontable. Je ne parle que du mépris.

Le bach-agha, de vieille noblesse, grand marabout, grand chef indigène, haut fonctionnaire français, jugeait indigne de lui toute espèce de transaction avec un homme de rien, qui devait son influence à la plus méprisable usurpation : celle du charlatanisme religieux.

Ben Ali Chérif repoussa donc toute proposition d'entente cordiale entre lui et le trafiquant d'amulettes, le faux prophète.

« Je n'ai pas de griefs personnels contre El Hadded,

répondait-il au conciliateur Bonvalet ; il ne m'a jamais rien fait à moi, ni bien, ni mal. Je lui reproche d'être l'ennemi du gouvernement, d'intriguer, de fomenter la discorde, de favoriser un mouvement séditieux. Qu'il revienne à récipiscence, qu'il se tienne tranquille, et je n'aurai plus sujet de lui en vouloir. »

Mais il fallait à Mokrani une réconciliation au moins apparente, qui laissât croire au cheik El Hadded que Ben Ali Chérif ne se jetterait pas en travers de leurs projets communs par esprit de rivalité, quand le moment viendrait de les mettre à exécution. Peut-être comptait-il sur une alliance offensive entre tous les partis.

On connaît l'entrevue d'Akbou ; Mokrani se présente d'abord à l'improviste, contre ses habitudes, chez Ben Ali Chérif, à Akbou. Il lui annonce la visite prochaine d'Azziz, représentant naturel de son père, cheik El Hadded, qui ne pouvait se déplacer ; il combat et surmonte la répugance du chef des Chellata à se rencontrer avec le fils du mokaddem. Et ce dernier se présente, bientôt après, à l'azib de Ben Ali Chérif, accompagné de plusieurs notables indigènes dont il est inutile de rappeler ici les noms.

Que se passa-t-il à cette fameuse entrevue d'Akbou ?

Les faits qui ont eu lieu postérieurement répondent à cette question.

Toujours est-il que l'entrevue d'Akbou ne fut que le simulacre d'une réconciliation, de l'aveu même de Ben Ali Chérif et d'Azziz. Ils purent dire l'un et l'autre :

« J'embrasse mon rival, mais c'est pour l'étouffer. »

Les El Hadded ne renoncèrent point pour cela à leur projet de supplanter Ben Ali Chérif ; et, de son côté, Ben Ali Chérif ne put se faire illusion sur le mérite des promesses et engagements de son ennemi juré, fils et représentant d'El Hadded.

Cette entrevue eut lieu dans les premiers jours de janvier 1871. Aujourd'hui, le général Augeraud et le colonel Bonvalet peuvent regretter de l'avoir *ordonnée*. En y prêtant seulement la main ils eussent déjà commis une grande faute.

Comment ces messieurs, doués de quelque intelligence, ces officiers supérieurs ayant charge d'âmes, ont-ils pu se laisser prendre au piége grossier qui leur était dressé par Mokrani?

Nous voilà bien loin de la théorie des bureaux arabes : « DIVISER POUR RÉGNER. » Elle se trouve remplacée tout-à-coup par une théorie diamétralement opposée et dont l'expérience va s'accomplir pour la première fois. Pour abandonner ainsi une politique traditionnelle, il faut de bien graves motifs. Sans doute, la politique doit s'adapter aux circonstances, se régler sur la situation ; mais ce sont précisément les circonstances et la situation d'alors qui condamnaient la nouvelle politique des bureaux arabes.

Aujourd'hui, on leur demande compte de ce changement de front, et ils répondent : « Il fallait gagner quelques jours pour donner aux troupes annoncées le temps d'arriver de France. Nous n'étions plus maîtres de la situation ; or, les çofs, ennemis les uns des autres, allaient s'entre-déchirer. » Hypothèse.

« Leurs balles auraient ricoché sur nous. » Hypothèse.

« Leur choc aurait amené une conflagration générale. » Hypothèse, toujours hypothèse.

Ce qui n'était pas une hypothèse, mais une désolante et terrible réalité, c'étaient les dispositions, les manœuvres, les préparatifs hostiles de Mokrani, les prédications fanatiques des mokaddems, des Khouans, l'agitation croissante des tribus, parmi lesquelles de nombreux émissaires répandaient la fausse nouvelle qu'il n'y avait plus de France ni de soldats français.

Le gouvernement militaire, les bureaux arabes, étaient-ils donc seuls à ignorer ce que le devoir professionnel leur commandait de savoir, et ce qu'il leur était si facile de savoir?

Le gouvernement militaire, les bureaux arabes s'excusent mal; d'ailleurs, supposé que l'on eût abandonné les çofs à eux-mêmes et que ceux-ci se fussent empressés de tomber les uns sur les autres.... le grand malheur pour nous!!...

Vous cherchiez à gagner du temps: mais en prenant les armes, pour se combatre, les çofs se chargeaient de vous en fournir, et, du reste, croit-on qu'ils se seraient réconciliés après une première rencontre, plus ou moins meurtrière, afin de se tourner contre nous? Leur haine réciproque n'eût fait que s'accroître; les représailles appellent les représailles, surtout chez les Kabyles; les vengeances personnelles les intéressent beaucoup plus que les revendications politiques.

En dernière analyse, il y avait moins à craindre de la guerre des çofs que de leur réconciliation.

Mais en admettant même celle-ci comme nécessaire, n'était-ce pas le comble de l'imprudence et de la maladresse que de la confier, après l'avoir ordonnée, au bach-agha Mokrani? Et, d'autre part, en négligeant de faire surveiller les réunions de Seddouk et d'Akbou, auxquelles on attache aujourd'hui une si grande importance, n'a-t-on point témoigné d'une profonde inertie et d'une inqualifiable imprévoyance? Que de fautes accumulées! et malheureusement ce ne sont pas les seules; mais je ne veux pas empiéter sur le cours des événements.

On ne tarda point à recueillir les fruits de la double réconciliation. Mokrani avait désormais le champ libre et s'appuyait sur la Medjana tout entière et sur la plus grande partie de la Kabylie, personnifiée dans les Khouans.

Au début, le vieux mokaddem El Hadded ne voulait point d'insurrection. Ce n'est pas qu'il désirât moins que les autres Khouans, l'extermination des *roumis*; mais il craignait une défaite dans le présent ou une revanche des Français dans un prochain avenir. Lorsque Ben Ali Chérif lui fit visite à Seddouk, après l'entrevue d'Akbou, à laquelle le mokaddem n'avait pu assister, il lui demanda si son intention était de s'insurger : « Non, répondit-il, quand même il ne resterait qu'une femme à Sétif. »

Mais Azziz, son second fils, ne partageait ni sa prudence ni sa prévoyance : Dévoré d'ambition, excité par la haine et la jalousie qu'il continuait de nourrir contre Ben Ali Chérif, il croyait avoir trouvé le moyen de le renverser pour prendre sa place. Déjà il se voyait bach-agha, puisqu'il en prenait le titre par anticipation. Il réussit à entraîner son père. Quant au fils aîné du mokaddem, il n'avait point de volonté qui lui fût propre, si l'on en juge par sa physionomie et ses réponses aux questions de M. le Président des Assises.

Quant au bach-agha des Chellatas, Ben Ali Chérif, faisait-il réellement partie du complot ?

L'intérêt est la mesure des actions. C'est donc l'intérêt que Ben Ali Chérif avait à s'insurger qu'il faut chercher d'abord. Il occupait de hautes fonctions depuis l'occupation française; on l'avait comblé d'honneurs et de considération; il jouissait d'une belle fortune, parfaitement liquide, qu'il devait tenir à conserver autant que Mokrani à refaire la sienne; homme intelligent par-dessus tout, pouvait-il se faire un seul instant illusion sur le résultat définitif d'un mouvement insurrectionnel? il connaissait les ressources inépuisables de la France et savait qu'elle finirait toujours par ré-

duire des hordes indisciplinées et dépourvues d'arme-
ment sérieux, comme celles des Arabes et des Kabyles.
A ses yeux, l'insurrection devait être une série d'actes
de brigandage, dont les auteurs porteraient inévitable-
ment la responsabilité formidable et subiraient le châtiment mérité.

L'intérêt de Ben Ali Chérif à faire la révolte, on le
cherche vainement. N'avait-il pas, au contraire, intérêt
à la conjurer? Il ne lui fallait point une grande perspi-
cacité pour comprendre que l'insurrection, si, par impossible, elle triomphait, profiterait à Azziz, son rival,
son ennemi, et le détruirait lui-même, car Azziz se ré-
voltait moins par fanatisme, moins par haine contre les
Français que par ambition et convoitise. Enfin, Ben
Ali Chérif ne pouvait passer dans le camp de Mokrani
et d'Azziz que pour y jouer un rôle secondaire et obéir
à celui-là même dont il avait toujours combattu l'influence, Comment donc admettre qu'il consentît à tout
perdre : sa position, ses biens, son honneur, sa dignité
et peut-être la liberté, la vie, sans autre conviction que
l'un ou l'autre résultat l'anéantirait? On en est réduit,
pour soupçonner le bach-agha des Chellata de trahison,
à le supposer atteint du plus ardent et du plus aveugle
fanatisme, ou d'une aversion profonde pour le régime
civil. Mais on n'a pas oublié que, depuis longtemps, il
avait sacrifié son influence religieuse pour se jeter dans
la civilisation, et son influence politique, comme fonctionnaire du régime militaire, pour préconiser les bien-
faits du régime civil. Hélas! il se trouvait entre le marteau et l'enclume, et sa fausse situation justifierait, au
besoin, une conduite tout autre que celle qu'il a tenue.
Il faut toujours tenir compte de l'instinct de conserva-
vation.

Quand Ben Ali Chérif s'aperçut que la propagande
insurrectionnelle de Mokrani, du cheik El Hadded et

de son fils Azziz faisait chaque jour de nouveaux progrès, il n'hésita point à informer l'autorité française de leurs agissements.

On ne saurait donc prétendre, sans méconnaître ses informations journalières, si précises et si concordantes, que la situation soit restée inconnue aux officiers supérieurs chargés de l'administration de la province de Constantine et au commandant des forces de terre et de mer. Mais il semble, en vérité, que l'on ait pris le parti de jeter au panier les communications du bach-agha, si importantes qu'elles fussent. Ni le général Augeraud, ni le général Lallemand ne s'en émurent ; quant au colonel Bouvalet, l'ami d'Azziz, qui se trouvait le plus directement instruit, il semblait ignorer le plus complètement les faits dont son commandement était le théâtre. Ben Ali Chérif se plaignit de l'étrange inertie du commandant de Bougie. Celui-ci fut envoyé à Milianah et remplacé par le commandant Ritter, auquel succéda le commandant Reilhac, qui prit les choses au sérieux et ne cacha rien au gouvernement de l'Algérie des renseignements qu'il avait recueillis. Malheureusement, il était trop tard. Ben Ali Chérif se trouvait débordé par les intrigues de Mokrani et d'Azziz ; il désespérait de la situation et voyait s'approcher le moment où il serait forcé d'attirer sur sa tête la vengeance des Kabyles en refusant de les suivre, ou de se compromettre aux yeux des Français.

C'était dans les premiers jours de mars. Il déclare au commandant Reilhac que son intention est de résigner ses fonctions de bach-agha et de se retirer dans sa propriété avec sa famille pour y vivre au sein du repos et de la sécurité. Déjà il a commandé cent mulets pour transporter à Bougie le personnel de sa maison et ses meubles les plus précieux. Le commandant Reilhac, qui tient à conserver un auxiliaire éprouvé, ne néglige aucun moyen pour détourner Ben Ali Chérif de son projet. Il prie un de ses amis intimes, Ahmed Kassi, de se rendre à Akbou dans ce but. Ahmed Kassi arrive chez Ben Ali Chérif lorsque les mulets étaient réunis et en partie chargés. D'abord, le bach-agha ne veut rien entendre ; Ahmed Kassi insiste, parle de services à rendre, fait vibrer la corde du dévouement, bref, obtient de son ami qu'il n'émigrerait point avec sa smala à Alger ; mais Ben Ali Chérif refuse obstinément de renoncer au dessein de donner sa démission. Il laissera sa famille à Akbou, mais, lui, se rendra à Alger pour se décharger de toute responsabilité administrative, n'ayant plus les moyens de faire respecter son pouvoir.

Les choses se passèrent ainsi.—Ben Ali Chérif partit pour Alger et y arriva trois jours après. Il se rendit aussitôt chez le général Lallemand, commandant des forces de terre et de mer, et lui expliqua les causes qui le déterminaient à donner sa démission. Le général ne voulait pas l'accepter, mais le parti pris par le bach-agha était irrévocable. La démission devint donc un fait accompli.

Ben Ali Chérif profita de cette première entrevue avec le général et de toutes celles qui suivirent — il ne quittait guère l'hôtel du commandement — pour lui faire un tableau saisissant de la situation.

« Si vous voulez empêcher l'insurrection de gagner la Kabylie, lui disait-il, vous n'avez pas une minute à perdre. Envoyez dans l'Oued-Sahel toutes les troupes dont vous pouvez disposer. Cette démonstration suffira. Avec deux bataillons, je répondrais de la tranquillité du pays. Mais, au nom de Dieu, hâtez-vous de suivre ce conseil.

— J'attends des forces, répondait le général. Elles arriveront de France d'un jour à l'autre, et alors.....

— Alors, il sera peut-être trop tard, observait Ben Ali Chérif.

— Nous partirons ensemble; je compte sur vous, sur votre influence et votre fidélité à la France pour assurer le succès de mon expédition. »

Dans l'intervalle, Alexis Lambert, commissaire extraordinaire en Algérie, que je voyais assez souvent, me dit, au cours d'une conversation particulière où il était question de l'état de l'intérieur, déjà très-tendu :

« Le général Lallemand est, à mon égard, d'une *discrétion* qui est de nature à altérer nos rapports. A peine me parle-t-il de la fermentation qui règne dans la Medjana et la Kabylie, et nous inquiète tous.

— C'est que vous êtes un *pékin*, lui répondis-je en riant. Comment voulez-vous qu'un commandant des forces de terre et de mer entretienne un plumitif comme vous, fût-il commissaire extraordinaire de l'Algérie, de questions relatives à la défense? Il dérogerait. Le citoyen du Bouzet est parti sans avoir rien pu en tirer.

— La situation n'était pas aussi grave qu'elle est aujourd'hui..... Tenez, Ben Ali Chérif est ici depuis quelque temps. Croyez-vous qu'il soit venu me voir? Le général l'a accaparé afin de garder pour lui seul les renseignements précieux que ce chef indigène peut fournir.

— Bah!

— C'est la vérité; aussi, suis-je décidé à informer Ben Ali Chérif que je serais très heureux de recevoir sa visite et à donner l'ordre au directeur des services télégraphiques de me transmettre en double expédition toutes les dépêches de l'intérieur adressées à M. le général Lallemand. »

Le lendemain, Ben Ali Chérif se rendit chez le commissaire extraordinaire, qui l'interrogea ou plutôt le fit interroger par M. Hinglais, son secrétaire particulier,

un habile arabisant, soit que Ben Ali Chérif voulût
s'expliquer en français ou en langue indigène. Le
bach-agha entra dans les détails les plus minutieux au
sujet de Mokrani et d'Azziz ; il renouvela ses instances
à obtenir immédiatement des troupes, prédisant avec
trop de raison, hélas ! qu'une plus longue inertie causerait d'immenses désastres.

Je ne dis rien que je ne sache et ne puisse prouver.

Malheureusement, Alexis Lambert n'était pas commandant des forces de terre et de mer. Il parvint à connaître les dépêches, voilà tout ; mais par le moyen ci-
dessus indiqué, auquel n'avait pas songé le citoyen du
Bouzet, son prédécesseur. L'ignorance dans laquelle se
tint ou fut tenu le citoyen du Bouzet est d'autant plus
regrettable qu'elle l'empêcha de demander et d'obtenir
des secours en temps utile, et même d'accepter l'offre
de dix mille mobiles qu'avait faite le gouvernement de
la Défense nationale au gouvernement de l'Algérie, et
qu'avait repoussée avec dédain le général Lallemand.
Cette ignorance fut cause enfin qu'il n'opposa qu'une
résistance de discussion à la mobilisation des escadrons
de spahis, et qu'il garda à Alger, pour ses besoins personnels, des forces dont la seule présence dans le voisi-
nage de la Kabylie aurait pu arrêter le mouvement.

Telle était la situation avant le remplacement de M.
du Bouzet ; elle contribua puissamment à le rendre
impopulaire, car on ne pouvait comprendre ses relations multipliées, mais stériles, avec le général Lallemand ; la presse ne lui pardonnait point son aveuglement, son inertie ; la masse, toujours soupçonneuse et
défiante, dans les moments de crise surtout, l'accusait
de céder à des mobiles que repoussaient du reste le simple
raisonnement et la réputation de probité du commissaire extraordinaire. Le fait est que M. du Bouzet se
laissa magnétiser par le commandant des forces de

terre. Si, chez les gouvernants, la faiblesse n'est pas un crime, elle est toujours une grande faute.

. . . .

Cependant, le mois de mars s'écoulait et les troupes attendues de France n'arrivaient pas.

Ben Ali Chérif témoigna au général Augeraud le désir de retourner à Akbou afin de rejoindre sa famille qu'il avait laissée sur un volcan et qu'il voulait mettre en lieu de sûreté.

« Soit, partez, lui dit le général ; mais attendez-moi à Akbou ; dans huit jours, j'y serai avec une colonne.

— Mon général, je compte sur votre parole.

— Oui, oui. De mon côté, je compte sur votre concours dévoué. Vous n'êtes plus bach-agha, mais vous restez le vieil ami de la France.

— Je vous appartiendrai toujours corps et âme .»

Ben Ali Chérif partit, dégagé de toute inquiétude « *Ah ! le bon billet qu'a La Châtre !* »

En route (16 mars), il apprit que Mokrani venait d'adresser une déclaration de guerre au capitaine Olivier et au général Augeraud. Néanmoins, il crut ne rencontrer sur son passage que des alliés fidèles, notamment le caïd Ali ou Kassi, qui lui fit mille protestations d'amitié et autant d'offres de service. Il arriva enfin à Akbou et attendit avec une impatience indicible l'arrivée de la fameuse colonne...

« Anne, ma sœur Anne, ne vois-tu rien venir? »

Son impatience, son anxiété, qui ne les comprendrait? Le péril grandissait d'heure en heure, la marée de l'insurrection montait, montait toujours. Elle avait déjà chassé ou englouti les chantiers des Portes-de-Fer, nombre de fermes isolées ; elle couvrait la Medjana de sang et de flammes ; enfin, depuis le jour de la déclaration de guerre de Mokrani, elle battait les murs de Bordj-bou-Arreridj.

PENDANT.

Je ne veux pas faire ici le journal de l'insurrection ; le pourrai-je dans un cadre si étroit ? Comme je l'ai dit en commençant, ma tâche doit se borner à signaler les faits qui me paraissent propres à jeter quelque lumière dans la question si obscure, si controversée des responsabilités. Pour juger sainement les hommes mêlés aux événements de cette époque funeste. il faut se dégager de tout préjugé, de toute prévention, et, cela fait, n'user ni de trop de rigueur ni de trop d'indulgence.

Les faits relatés jusqu'à présent sont de la plus parfaite exactitude. Ils offrent la preuve que rien n'a été tenté pour prévenir l'insurrection qui s'annonçait d'une manière si audacieuse et depuis si longtemps. Ils établissent le flagrant délit d'inertie contre les fonctionnaires militaires qui étaient responsables de la tranquillité et de la sécurité de la colonisation. Ils rendent impossible toute excuse fondée sur la surprise. Ni le général Lallemand, ni le général Augeraud, ni le colonel Bonvalet, ni les autres commandants de cercles, ni les autres officiers des bureaux arabes ne sauraient exciper cause d'ignorance quand il est incontestable que l'évidence de l'explosion prochaine leur crevait les yeux. Ils ne sauraient davantage prétendre qu'ils se trouvaient dans l'impuissance d'agir : Pourquoi n'ont-ils pas fait arrêter Mokrani, le cheik El Hadded, Azziz et tant d'autres, ce qui était si facile dans le principe ?

Le DOUTE?... Il n'y en avait pas; il existait au moins contre eux des présomptions, que la justice ordinaire elle-même aurait considérées comme suffisantes pour s'en saisir préventivement. La LÉGALITÉ?... Vous nous faites rire. Combien d'Arabes le régime militaire n'a-t-il pas envoyé aux îles Sainte-Marguerite sous le moindre prétexte? La transportation de Bou Akkas à Pau était-elle légale, par exemple? Vous vous êtes toujours retranché derrière la raison d'Etat, alors que l'on en pouvait contester l'application nécessaire, et, pour la première fois que, preuves en main, vous avez le droit et le devoir de vous armer du *summun jus* imposé par le salut public, vous parlez de *légalité!*... L'opinion ne se paie pas de raisons semblables.

Ai-je besoin de rappeler que votre politique a fait merveille en favorisant de toutes manières les projets de Mokrani, en lui laissant le champ libre, en ne prenant aucune mesure contre la propagation de fausses nouvelles parmi les Arabes et les Kabyles, en vous déclarant pour le cheik El Hadded, Azziz et les Khouans, contre Ben Ali Chérif, et en couronnant votre édifice par la réconciliation des çofs?

Quant à votre science stratégique et à votre initiative militaire, je me bornerai à en reproduire quelques échantillons:

J'ai promis d'être juste; aussi me garderais-je bien de faire peser la même somme de responsabilité sur les officiers qui administrèrent et commandèrent pendant la période insurrectionnelle.

M. le commandant Reilhac n'étant arrivé à Bougie que dans les premiers jours de décembre, trouva une situation déjà fort compromise, et se vit, en quelque sorte, devancé par les événements. Il est bien regrettable qu'il n'ait pas remplacé plus tôt le commandant Ritter, successeur du colonel Bonvalet, à tous les points

de vue. Il fit, du reste, ce qu'il était encore possible de
faire dans l'intérêt de la colonisation. M. Rustant, envoyé par Gambetta, à Constantine, comme général ad-
ministrateur, n'entra en fonctions que le 10 janvier,
c'est-à-dire, trop tard pour remédier à un état de
choses désespéré ou empêcher les événements de s'accomplir. On doit tenir compte des embarras énormes
dans lesquels il se trouva depuis le premier jusqu'au
dernier jour de son administration. Cet officier, du
moins, reste pur aux yeux de l'opinion publique.

Enfin, si quelque chose peut nous consoler de l'impéritie et des défaillances de certains généraux, c'est
l'habileté et l'énergie de certains autres, qui arrivèrent
à temps pour sauver la colonie. Sans les Cérès et les
Lacroix, que serions-nous devenus ?...

. . . .

J'ai laissé Bordj-bou-Arreridj complètement investi.
Après le sac et l'incendie de leurs maisons, les habitants
du village s'étaient retirés dans le fort, où se trouvait
une très-faible garnison et une artillerie insignifiante.
Peu de jours auparavant, sur les sollicitations pressan-
tes du commandant de la place, qui prévoyait une atta-
que, on avait envoyé, de Sétif, deux ou trois obusiers,
mais on avait oublié d'y joindre des gargousses et des
projectiles. Il est vrai qu'il n'était question que d'*obusiers* dans la demande, et alors.... C'était une nouvelle
édition de la lanterne de Falaise. Les moyens de défense se réduisaient donc à peu de chose. Néanmoins,
la petite garnison et tous les habitants qui se trouvaient
en état de porter un fusil se préparèrent à une vigou-
reuse résistance. Ils avaient à leur tête un homme d'é-
nergie, M. du Cheyron, commandant de cavalerie,
sous les ordres duquel se trouvait placé le capitaine Olivier, celui-là même qui avait joué un rôle important,
par ses relations avec Mokrani, avant l'insurrection.

Cet officier, encore jeune, est né diplomate; parole facile, esprit fin, prompt à la riposte, ne se laissant jamais surprendre ni intimider; il a fait son éducation politique et militaire dans les bureaux arabes, dont il est aujourd'hui l'une des plus brillantes personnifications. Le capitaine Olivier était l'ami de Mokrani, comme le colonel Bonvalet était l'ami d'Azziz. Il avait facilement compris qu'il ne gagnerait rien de bon à chercher noise au bach-agha à raison de ses préparatifs; il connaissait l'influence de ce haut personnage; il le savait assez puissant pour se débarrasser des officiers qui le gênaient; plusieurs avaient succombé dans leur lutte contre lui. Excellente leçon dont le capitaine Olivier, ennemi du déplacement, sut profiter avec sagesse.

Le siége de Bordj-bou-Arreridj est l'un des principaux épisodes de l'insurrection. C'est dans cette circonstance que les Kabyles déployèrent toutes leurs ressources et toutes leurs aptitudes aux travaux du génie. Ils creusèrent des tranchées, ils pratiquèrent une mine qui vraiment n'était pas trop mal dirigée; ils construisirent deux chariots blindés dont, fort heureusement, ils n'eurent pas le temps de faire usage. Les assiégés ne faiblissaient point, ils attendaient avec un courage héroïque l'arrivée des secours. Je passe sous silence les nombreuses péripéties de ce drame, qui tiendra une large place dans les annales algériennes.

Cependant, il m'est impossible de ne point aborder un détail dont l'opinion a été particulièrement frappée.

Le siége était poussé avec une extrême vigueur, et le capitaine Olivier augurait sans doute de la situation en esprit des plus pessimistes. L'idée lui vint d'avoir une conférence avec Mokrani. Dans quel but? cela se laisse deviner. Il en parla au commandant du fort. S'il faut s'en rapporter à la première déclaration de M. du Cheyron, cet officier lui aurait refusé l'autorisation de sortir ; s'il faut s'en rapporter à celle qu'il a faite devant le Jury, il ne lui aurait répondu ni oui ni non, le laissant libre d'agir suivant ses inspirations. Toujours est-il que le capitaine Olivier se fit descendre du haut de la muraille à l'aide d'une corde et parvint jusqu'au chef indigène. Le capitaine Olivier avait entrepris là une démarche fort délicate.

Tout ce qu'il put obtenir du bach-agha, son ami, ce fut son consentement à laisser la vie sauve aux militaires et aux habitants renfermés dans le bordj, à les conduire jusqu'aux portes de Sétif, moyennant, bien entendu, la remise du fort, et celle des armes, munitions, approvisionnements et objets de toute valeur qu'il contenait.

« Je vais rendre compte de ma démarche auprès de vous, dit en s'éloignant le capitaine Olivier ; si vos propositions sont rejetées par le commandant — et je crois qu'elles le seront, — je vous demanderai l'autorisation de me rendre à Sétif pour les soumettre au commandant supérieur. »

On convint de suspendre le feu de part et d'autre jusqu'à nouvel ordre.

Le négociateur retourna au fort, où il se vit accueilli avec défiance et mécontentement. Quand il eut fait connaître le but de son excursion *extra-muros*, et prononcé le mot de capitulation ; quand surtout il eut entamé le chapitre des conditions rigoureuses et déshonorantes auxquelles on pouvait l'obtenir, ce fut un cri général de réprobation. Le malheureux capitaine faillit être fusillé ni plus ni moins qu'un traître. Il avait, certes, à se reprocher une grande faute : celle d'avoir pris l'initiative d'une proposition qui devait compromettre les assiégés aux yeux de Mokrani, en lui laissant croire qu'ils étaient réduits à capituler ; mais, je l'ai déjà dit, le capitaine était né diplomate. Entre temps, les Kabyles s'étaient approchés des murs du fort, qui ne tirait plus ; ils croyaient probablement pouvoir y pénétrer sans trouver de résistance nouvelle. Déjà, quelques-uns se disposaient à escalader. Cela ressemblait fort à un manque de foi ; les assiégés se précipitèrent aux créneaux et firent, à bout portant, cette horrible décharge qui coucha sur le carreau plus de trois cents assaillants. — Quelque temps après, le fort était débloqué.

On frémit en songeant aux conséquences qu'une capitulation de Bordj-bou-Arréridj eût entraînées. Ce succès de Mokrani, qui, après tout, n'aurait été qu'un succès de supériorité numérique, eût augmenté son prestige et son influence dans de formidables proportions. Alors les tribus hésitantes ou opposées à la révolte seraient venues, en masse, grossir ses contingents. Je n'exagère point en disant que la capitulation de Bordj-bou-Arréridj l'aurait rendu maître de la plaine et de la montagne, et peut-être de plusieurs places importantes de l'intérieur : Sétif, Batna, Constantine même. Le succès des négociations de M. Olivier nous en promettait donc de belles. Quelle responsabilité pèserait aujourd'hui sur sa tête s'il se fût adressé à d'autres moins énergiques que cette poignée de braves sur lesquels, sans qu'ils le pensassent, reposaient alors les destinées de l'Algérie !!...

Depuis le 9 avril, Azziz s'était mis, de son côté, en insurrection ; peu de temps après, Ali ou Kassi et d'autres chefs de la Kabylie, attachés au service de la France, suivaient son exemple. Le plan de Mokrani se réalisait avec une rapidité effrayante.

Ben Ali Chérif, fidèle à ses promesses et à sa politique toute française, résistait seul à la pression générale. Il espérait toujours que la colonne du général Lallemand allait arriver pour le tirer de sa fausse situation. Il était bien forcé de louvoyer avec les cheiks et caïds qui exigaient qu'il se prononçât dans leur sens, sous menace d'incendie de ses propriétés et d'un plus terrible châtiment. Le cercle de l'insurrection se rétrécissait autour de lui. Il voyait se détacher, une à une, de sa personne, les tribus qui, jusqu'alors, lui étaient restées fidèles.

Depuis le 9 avril, toutes communications avec Bougie, Sétif, Fort-National, étaient coupées. Il ne fallait donc pas songer à gagner l'un de ces points, alors, surtout, que le personnel à sauver se composait d'une quinzaine de personnes de sa famille, et de dix Européens, hommes, femmes et enfants, dont plusieurs en bas âge. Ben Ali Chérif dut compter anxieusement les jours, les heures, les minutes. Il se vit bientôt forcé de quitter son *azib*, pour se réfugier dans le bordj qui offrait quelques moyens de défense; mais le bordj lui-même ne devint pas sûr et il fallut le fuir à son tour, pour chercher asile à Chellata, au sein de la montagne. On partit la nuit, à pied, les femmes et les enfants supportèrent, comme ils purent, les fatigues d'un voyage de plusieurs heures à travers les rochers et par des sentiers bordés de précipices.

C'est tout un poème que cet odyssée de Ben Ali Chérif, de sa famille et de ses hôtes européens; c'est tout un drame qui semble inspiré par l'imagination, que le tableau de la triste colonie de Chellata, bloquée pendant près de cent jours et désespérant de son salut. De temps à autre, Ben Ali Chérif pouvait encore communiquer avec Bougie au moyen d'émissaires secrets et en prenant les plus grandes précautions, car la saisie d'une de ses lettres, par les insurgés, eût été pour lui et tout son monde un arrêt de mort. Il priait, suppliait l'autorité militaire de venir à son secours: « Je suis perdu, si vous tardez davantage, ou forcé de me jeter dans l'insurrection, s'écriait-il. » Il apprit enfin que le général Lapasset était parti de Bougie avec une colonne de trois mille hommes, et se dirigeait vers lui.

Enfin !!! Elle va donc sonner l'heure de la délivrance ! Le général Lapasset arrive jusqu'à trente kilomètres d'Akbou, au col de Tizi..... Encore une ou deux étapes et l'on tombe dans ses bras. Vain espoir ! La triste nouvelle arrive que le général a décampé vers deux heures du matin du col de Tizi, sans tambour ni trompette, en abandonnant une partie de ses bagages aux insurgés, et qu'il s'est replié sur Bougie.

M. Lapasset, pour justification de cette retraite, prétend qu'il n'avait pas assez de monde, que ses troupes étaient trop jeunes; mais pourquoi n'a-t-il pas remarqué cela avant de se mettre en campagne ? Il cherchait donc une déroute ? Mais non, avec trois mille hommes, si peu aguerris qu'ils fussent, il pouvait traverser la Kabylie.

M. Lapasset ajoute qu'il avait reçu l'ordre du gouverneur civil, M. de Gueydon, de revenir sur ses pas pour se rendre dans la Mitidja menacée.

Mais l'amiral n'avait pas dit au général de lever le camp à deux heures de la nuit, d'abandonner des bagages et de paraître ainsi fuir devant l'ennemi. L'effet produit fut désastreux. En même temps que M. Lapasset rentrait dans Bougie, les Kabyles, qui lui avaient marché sur les talons, arrivaient sous les murs de la ville.

On plaignait Ben Ali Chérif devant le général au moment où il venait d'ordonner la retraite : « Je ne peux cependant pas abandonner ce brave homme sans lui écrire », dit-il avec des larmes dans la voix.

C'est alors qu'il traça, de sa main martiale, ces mots adressés à Ben Ali Chérif et dignes d'être burinés sur le bronze : « *Tirez-vous de là comme vous pourrez !... »*

L'ex-bach-agha n'ayant plus d'espoir que dans la

vieille amitié d'Ali ou Kassi, partit pour Tizi-Ouzou, que le caïd bloquait, afin d'obtenir le passage pour lui, sa famille et les Européens.

Il ne réussit pas. De retour à sa *zaouïa,* il se résigna à subir le plus triste sort. Mais la Providence veillait sur la destinée des reclus de Chellata. Le 2 août, la colonne du général Lallemand vint les délivrer.

On connaît le reste. Je n'irai pas jusqu'à la Mes-
taoua. Qu'il me suffise d'avoir indiqué les causes de
l'insurrection :

Inertie, imprévoyance, incapacité du régime militaire en général et des bureaux arabes en particulier....
Me trompé-je? N'est-ce pas cela? A cet égard, les
avis sont partagés. D'aucuns n'admettent point que le
béotisme administratif et militaire puisse atteindre à
cette puissance, et ils prétendent que nos désastres pro-
viennent du besoin de démontrer l'utilité indispensable
des rouages réformés. Les représentants de l'ancien système se seraient croisé les bras devant l'imminence des
événements et auraient *laissé faire* .

D'autres, plus sévères dans leur jugement, prétendent, en s'appuyant sur la connexité et l'analogie des
fautes commises avant et pendant la révolte qu'il y a
eu plus que de l'inertie systématique. Ceux-là pronon-
cent le mot COMPLICITÉ.

M. du Bouzet, ex-commissaire extraordinaire, ex-
ami du général Lallemand, termine sa déposition par
cette phrase foudroyante :

« Non-seulement le régime militaire a laissé faire,
mais il a prémédité et consommé le crime. »

Grand Dieu ! le patriotisme, l'humanité, le sentiment des devoirs les plus sacrés auraient-ils été sacri-

fiés de la sorte par des officiers français ?... Et dans quel moment !... je vous le demande..... lorsque la France, expirante sous le fer et le pied de l'étranger, faisait appel à tous les dévouements ; lorsqu'il fallait faire masse de toutes les forces militantes du pays pour défendre « la dernière pierre de nos forteresses et le dernier lambeau de notre territoire » !!... Mais songez-y donc, vous les accusez de parricide commis sur un lit de mort !... Non, non ! la pensée seule d'un forfait aussi infernal fait reculer d'horreur mon imagination. C'est impossible, c'est invraisemblable.

« Mais alors, répondent-ils, quelle différence faites-vous entre « laisser faire » et « faire », entre l'auteur principal et le complice ? Voilà un homme qui, le poignard à la main, attend, blotti dans un angle obscur, celui qu'il veut frapper ; vous le voyez, vous connaissez ses intentions, vous pouvez aborder le gendarme qui passe et lui dire : « Arrêtez ce misérable qui va faire une victime », et vous restez immobile et muet, et vous attendez que le sang coule sous vos yeux, et vous vous écriez : Tant pis ! que ne me choisissait-il pour ami et pour protecteur..... Puis, vous tournez le dos et rentrez chez vous, le cœur léger !... Allons donc ! vous êtes bel et bien complice de l'assassin. Si la loi des hommes ne peut vous atteindre, celle de votre conscience et de l'opinion publique ne saurait vous épargner. Et si c'était le gendarme que l'on prît pour sujet de la comparaison, que répondriez-vous ?... » Rien.

Mais ne peut-on admettre que l'Algérie, comme la France, subissait, en ces temps malheureux, une sorte de contagion que j'appelle la contagion d'une décrépitude morale ? Tous les ressorts étaient détendus, tous les sentiments éteints ; la démoralisation de la mère-patrie avait traversé la Méditerranée, elle envahissait nos trois provinces, elle ahurissait principalement le fonctionnarisme militaire, que poursuivait la malédiction de tous.

Toujours est-il qu'il a donné des preuves irrécusables de son impuissance et de son impéritie. Les événements l'ont condamné : il n'en faut plus.

Quoi ! depuis la conquête, vous disposez en maîtres de l'administration des Arabes, vous devez pouvoir répondre de la tranquillité des tribus et de la sécurité du pays, et voilà que, soudain, en 1871, éclate la plus formidable insurrection dont il ait jamais été le théâtre ! Un nouvel Abd el Kader se refait sous vos yeux ; il n'y a pas à douter de ses intentions : elles sont connues de tous, excepté de vous ; il achète ostensiblement des armes, des munitions, des chevaux pour ses contingents futurs ; il déclare qu'il ne veut pas obéir au gouvernement de la France ; il vous menace, il vous provoque, il vous insulte, et votre impassibilité, votre aveuglement ne font que croître !

Il faudrait que vous eussiez la vie bien dure pour que, cette fois, vous ne fussiez point tout à fait morts.

Le procès — en quinze ou dix-huit actes — que juge maintenant la Cour d'assises de Constantine n'est pas le procès des grands chefs indigènes ou de quelques pauvres diables entraînés violemment dans l'insurrection, — c'est le vôtre.

Non ! ce n'est pas une illusion : les rôles sont intervertis ; non ! ce n'est point un effet d'optique trompeur : on voit qu'il n'y a plus assez de place sur le banc des accusés.

Abdiquez donc, messieurs, et il vous sera beaucoup pardonné. Laissez l'Algérie panser les blessures que vous lui avez faites ; elle parviendra, espérons-le, à les cicatriser ; elle n'aura plus d'insurrections à craindre. Si jamais il en éclatait de nouvelles, elle se chargerait de les réprimer vigoureusement avec quelques troupes et des gendarmes. N'a-t-elle pas acquis le sentiment de sa force depuis le jour où, surprise par la levée de boucliers des Mokrani, du cheik El Hadded, d'Azziz et compagnie, elle se jeta au devant du torrent et parvint à lui opposer la digue de ses francs-tireurs et de ses miliciens armés à la hâte et soldats de circonstance ?...

Elle n'a pas besoin de votre régime, qui fait plus de mal que de bien et ne laissera après lui qu'une trace sanglante au milieu de ruines amoncelées.

ÉMILE THUILLIER

Constantine, 15 avril 1873.